A RODRIGO M.

    M. J. F.

A IRATXE, PORQUE TODO DIA É ESPECIAL DESCOBRIR A VIDA CONTIGO.

    M. P. L.

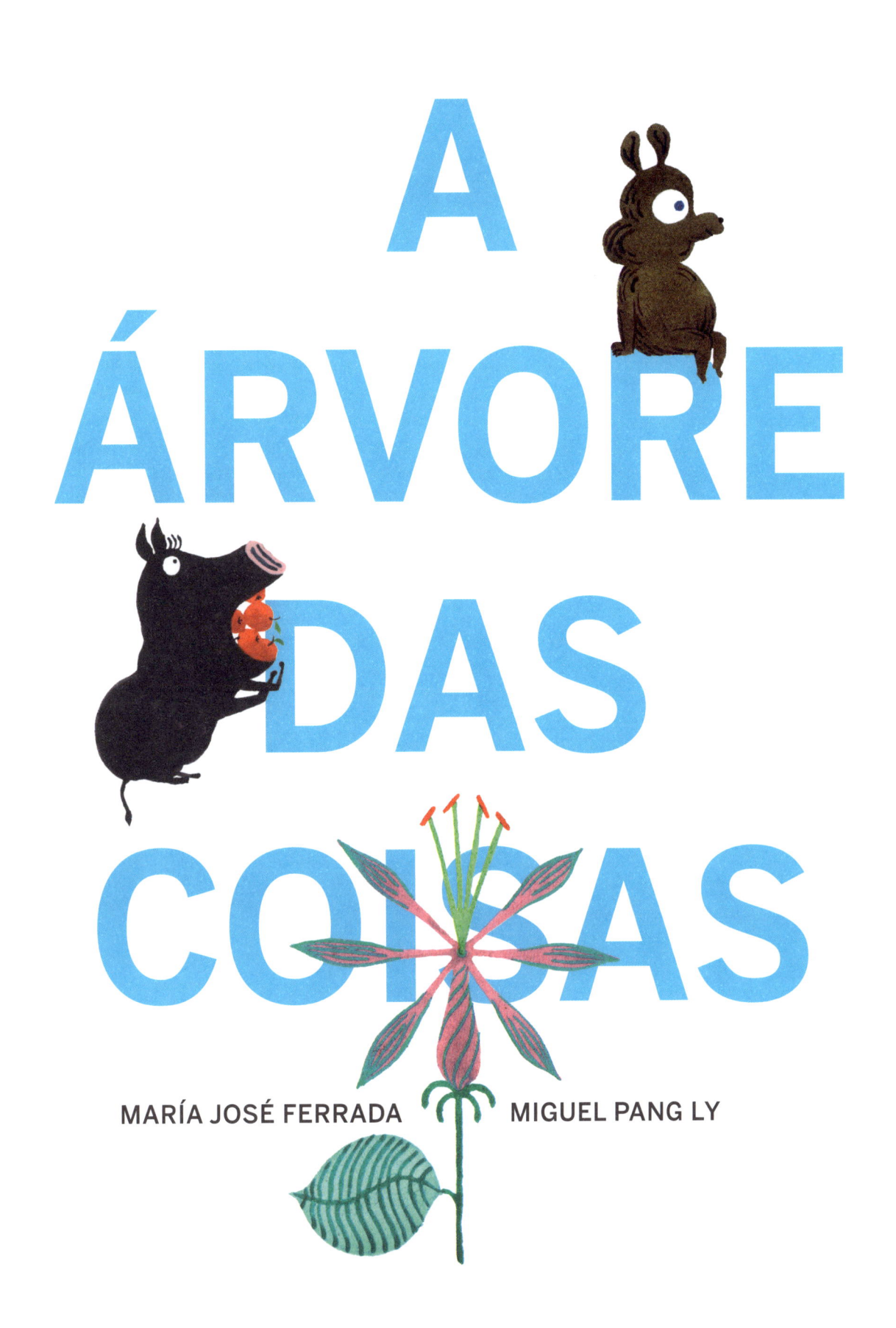

A ÁRVORE DAS COISAS

MARÍA JOSÉ FERRADA MIGUEL PANG LY

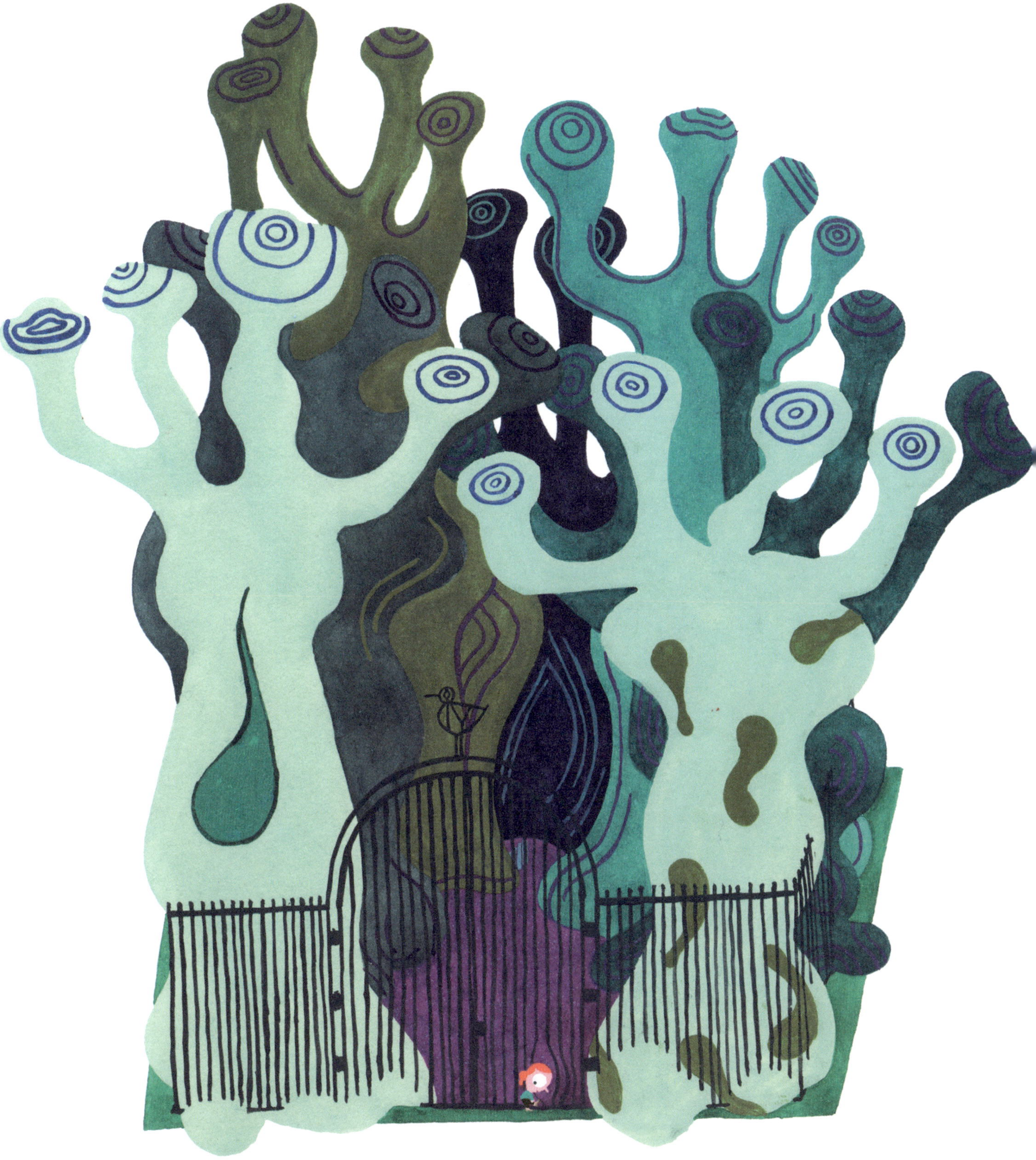

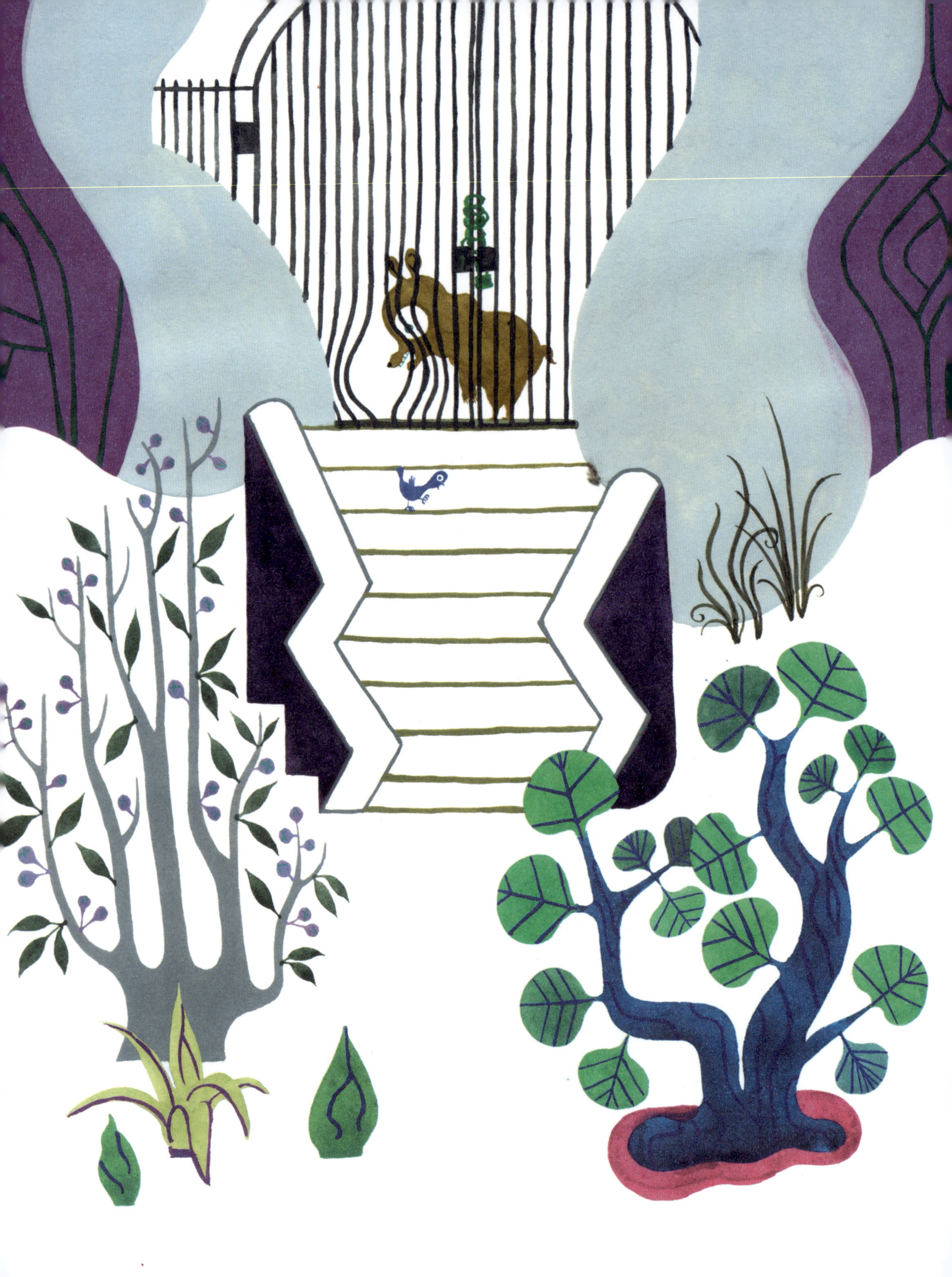

NO JARDIM DE MARIA HÁ MUITAS ÁRVORES.

UMA MACIEIRA,

UM LIMOEIRO,

UMA AMEIXEIRA

E UMA ÁRVORE DAS COISAS.

DA ÁRVORE DAS COISAS FLORESCEM

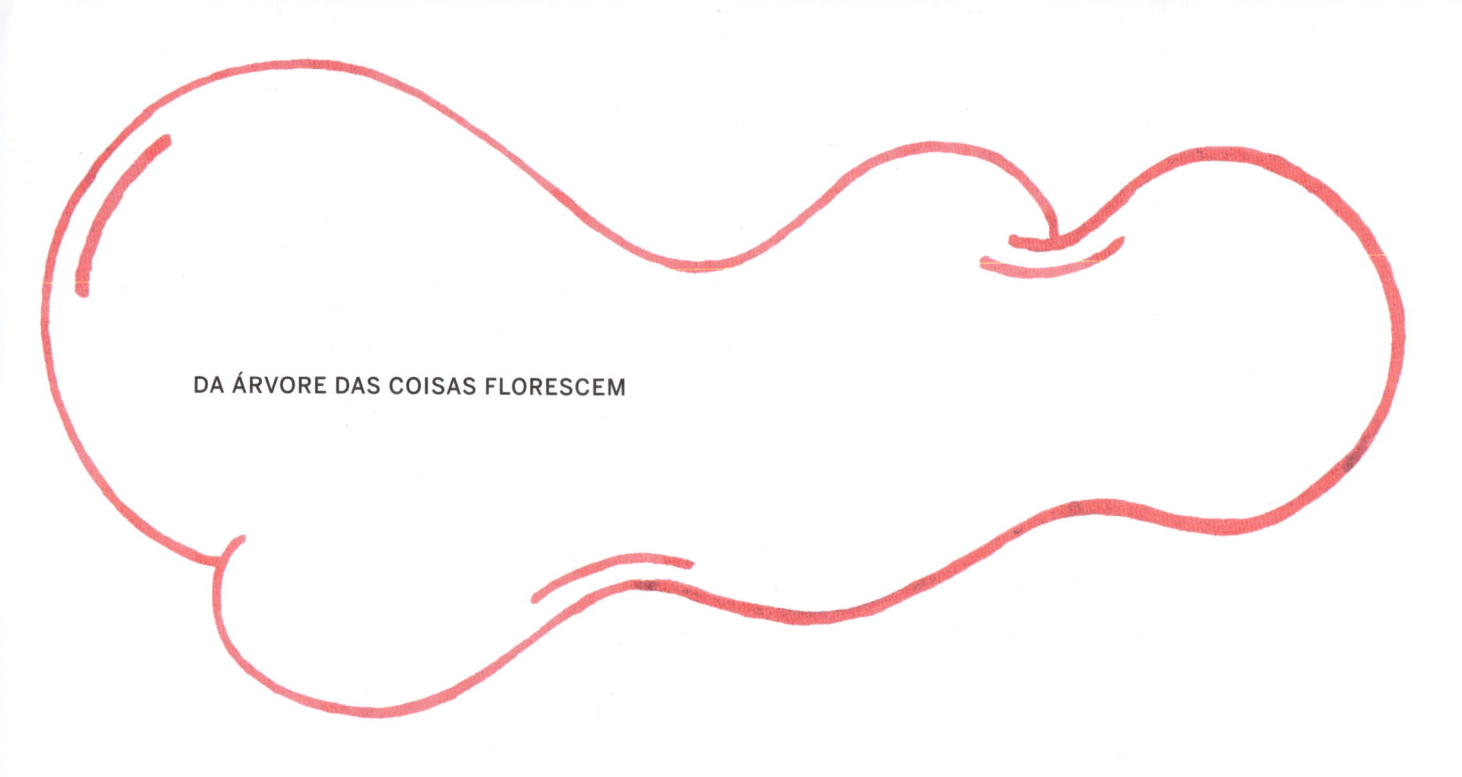

PEIXES,

ESTRELAS,

NUVENS.

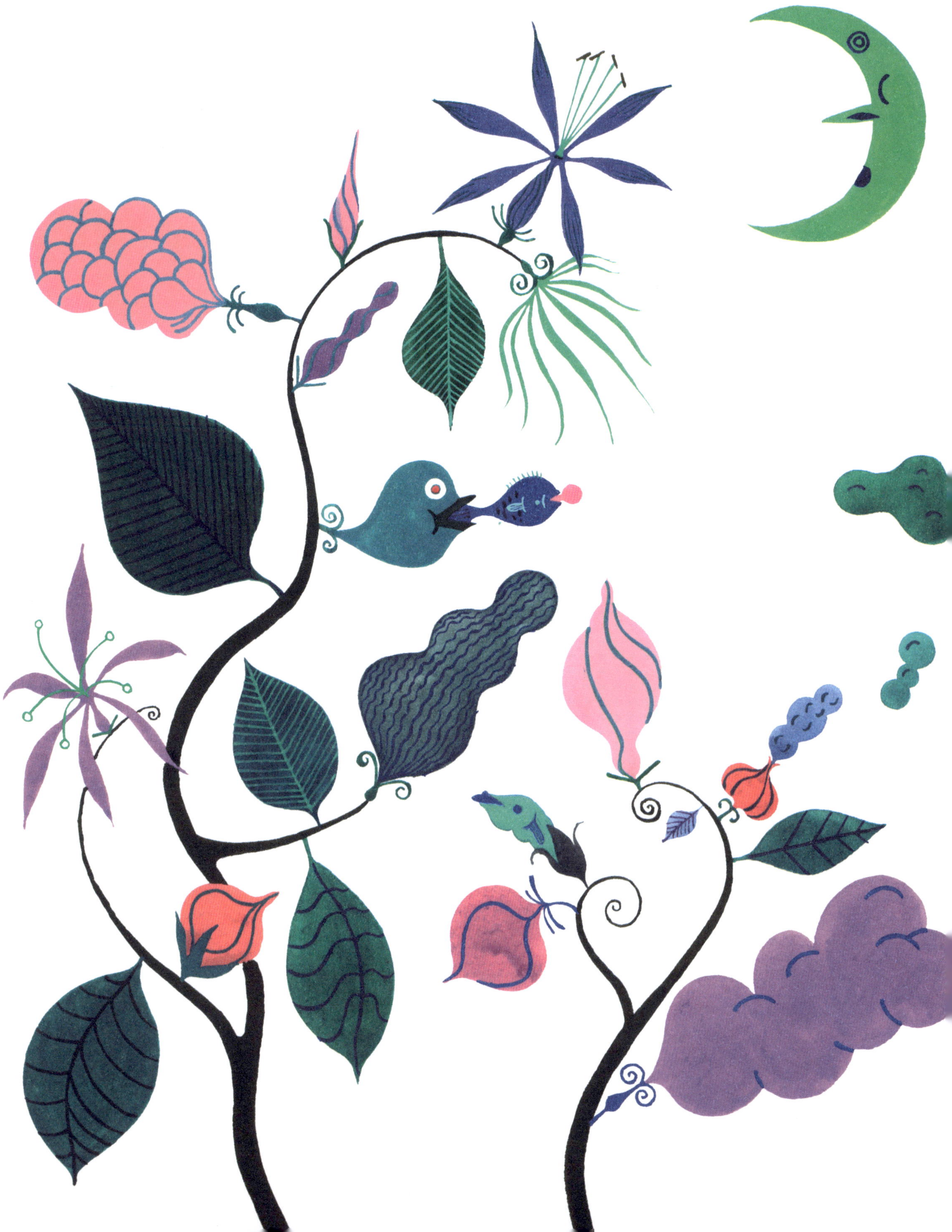

EM UMA PRIMAVERA, MARIA ATÉ VIU BROTOS DE

MARIPOSAS NOTURNAS PENDENDO DE SEUS GALHOS.

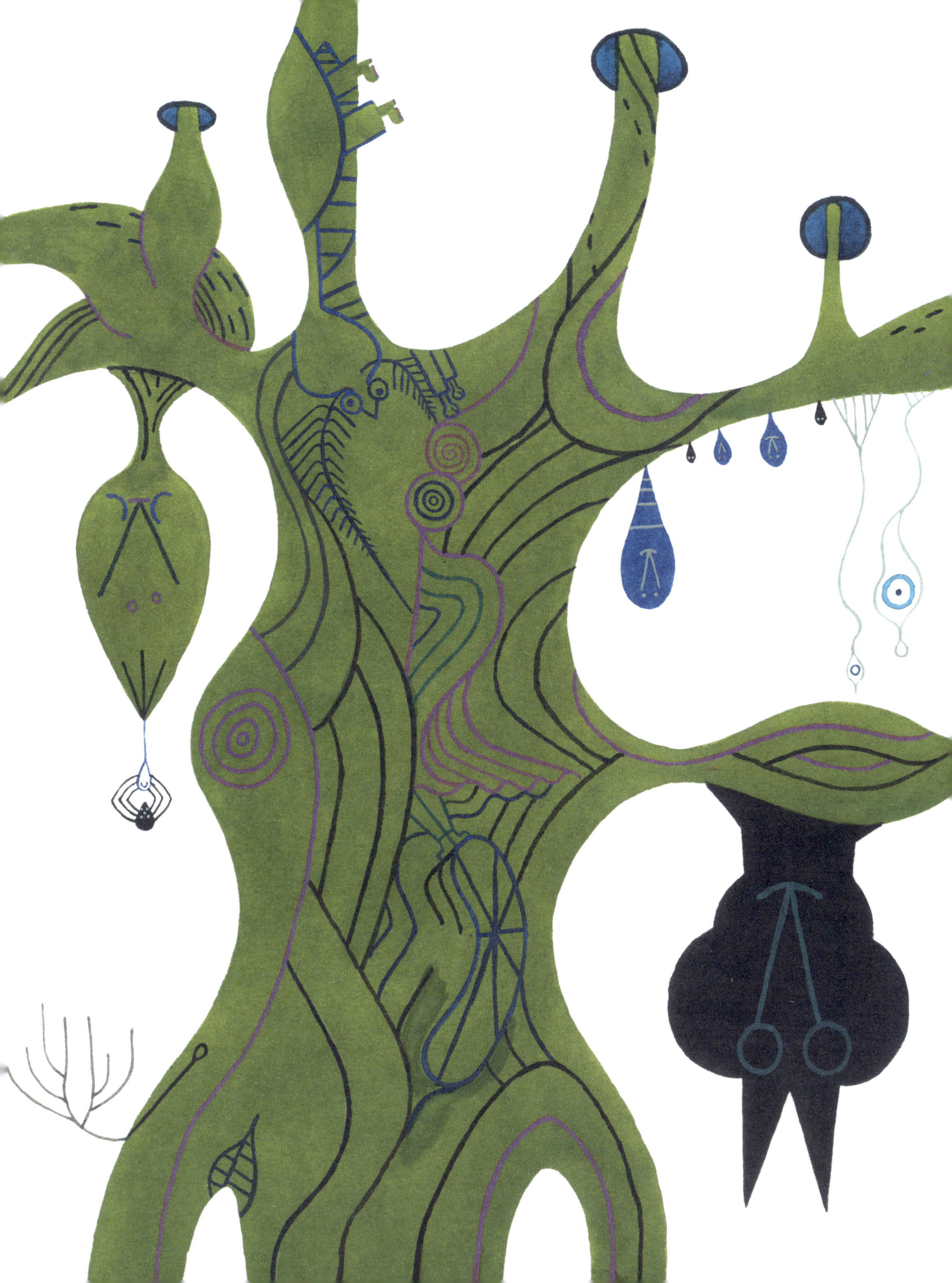

MAS, QUANDO ACABA A PRIMAVERA

E A FLOR DA MACIEIRA   DÁ LUGAR A UMA MAÇÃ,

A FLOR DO LIMOEIRO,   A UM LIMÃO

E A FLOR DA AMEIXEIRA, A UMA AMEIXA,

EM QUE SE TRANSFORMAM AS FLORES DA ÁRVORE DAS COISAS?

A VERDADE É QUE NÃO SE TRANSFORMAM EM NADA.

UM DIA, SIMPLESMENTE, DESAPARECEM.

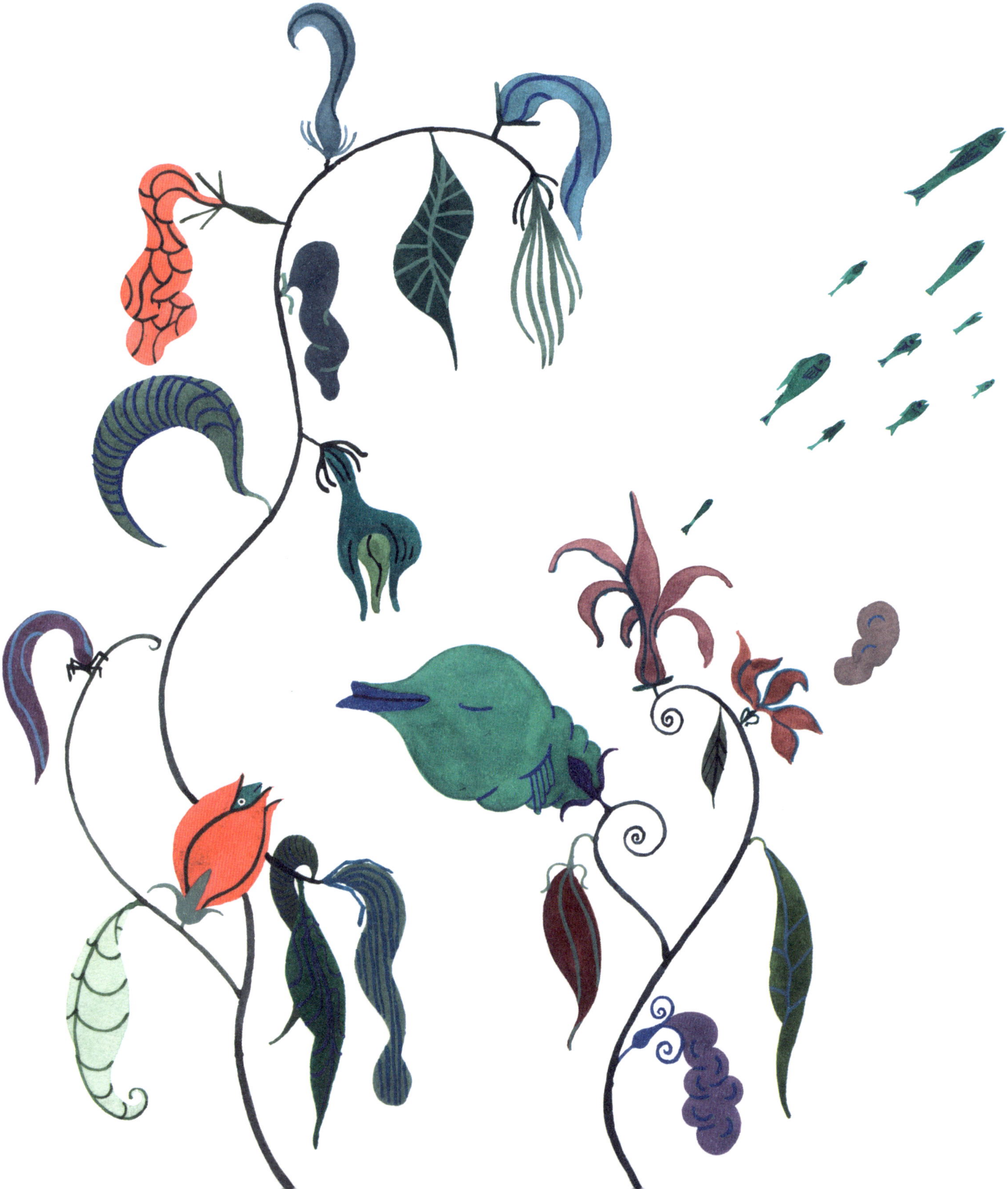

PARA ONDE VÃO ESSES PEIXES,

ESSAS ESTRELAS,

E ESSAS NUVENS PEQUENAS E ESPONJOSAS

COMO O CORAÇÃO DA LARANJA?

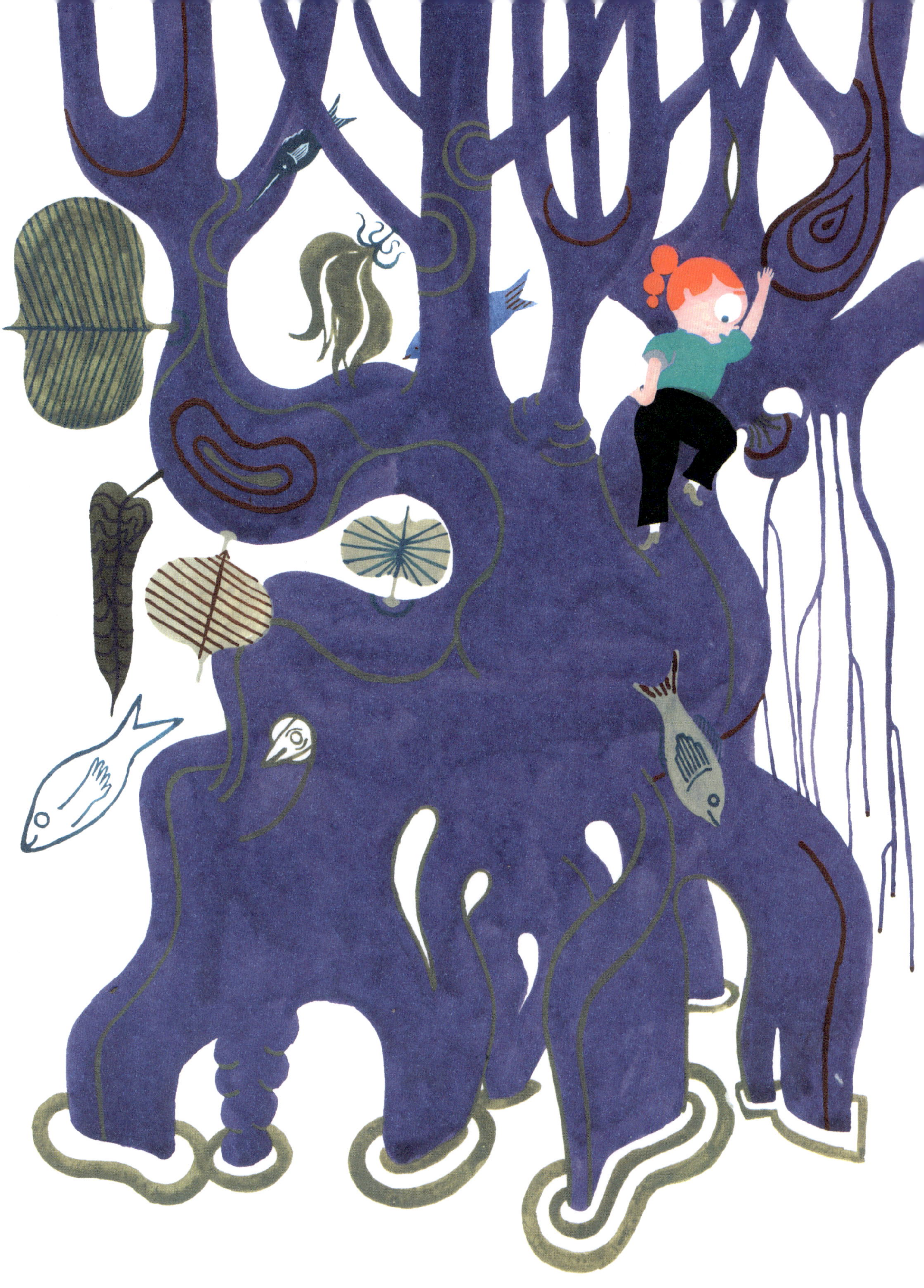

HÁ UM CAMINHO QUE VAI DA ÁRVORE DAS COISAS ATÉ O CÉU?

HÁ UM CAMINHO SECRETO DE SEUS GALHOS ATÉ O MAR?

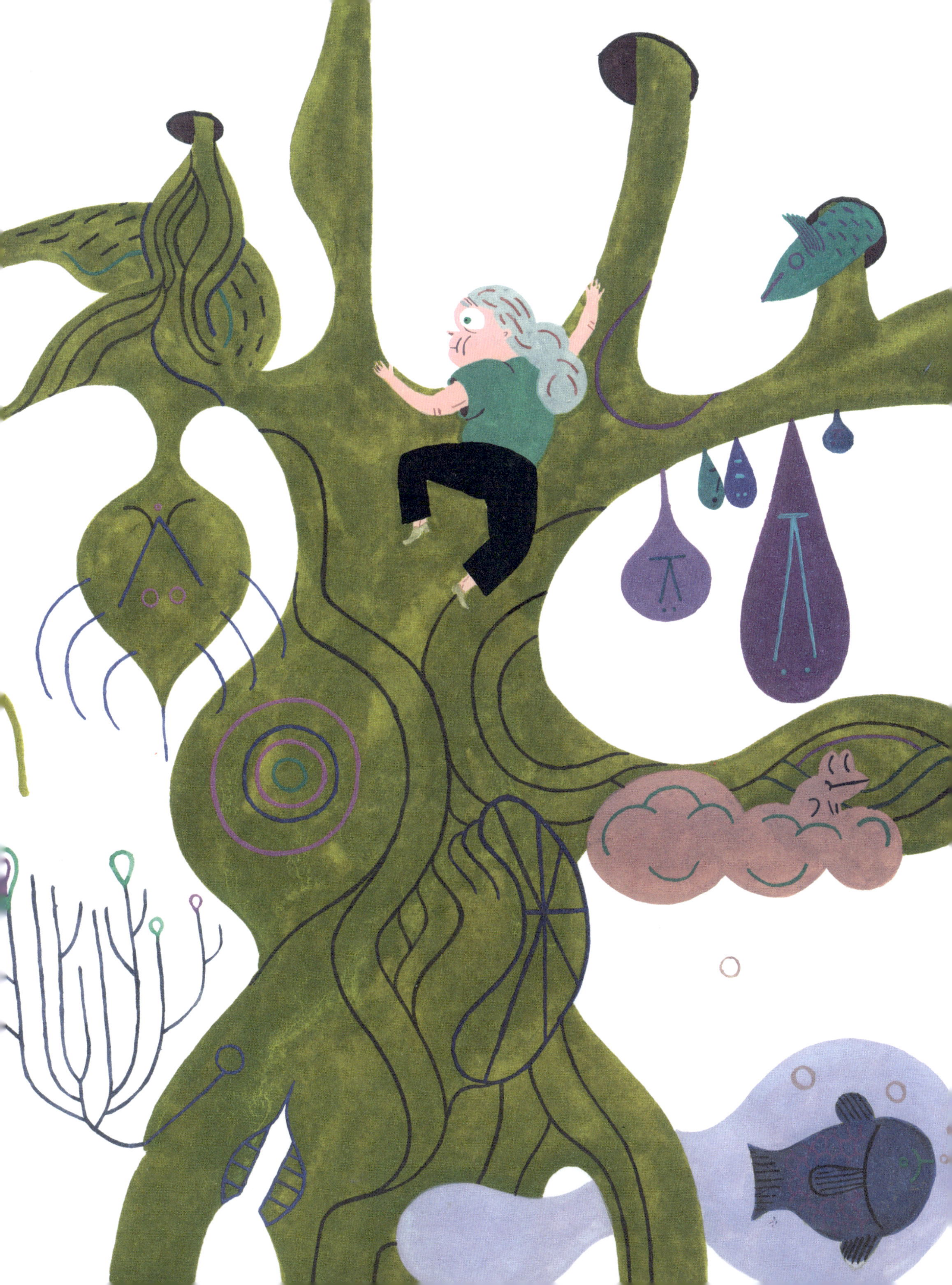

PASSAVAM AS PRIMAVERAS E MARIA, POR MAIS QUE PENSASSE,

NÃO CONSEGUIA DESCOBRIR.

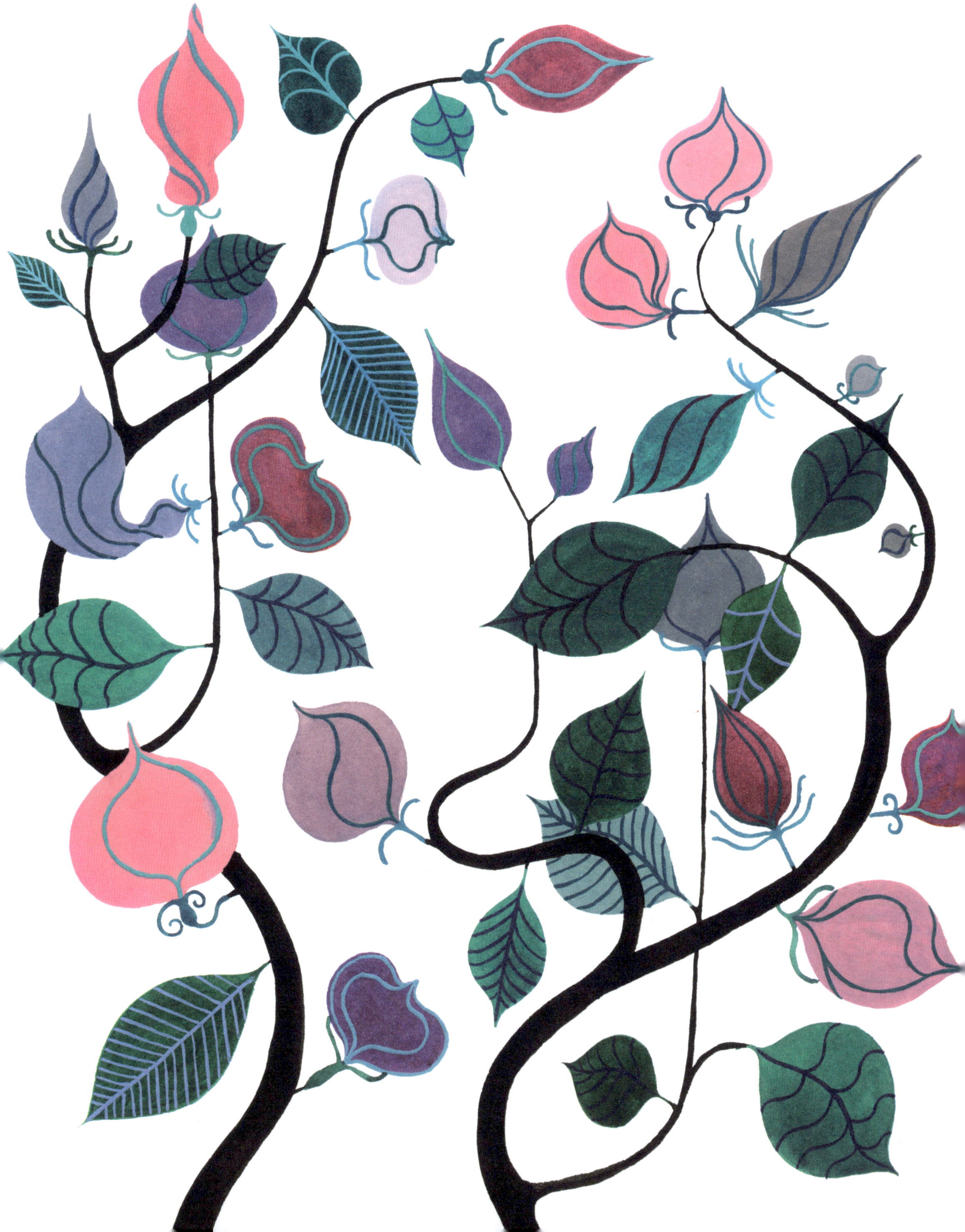

ATÉ QUE, DE TANTO OLHAR,

SE DEU CONTA DE QUE HÁ COISAS QUE NUNCA PODEREMOS SABER,

COISAS QUE CHAMAMOS MISTÉRIO.

A ÁRVORE DAS COISAS

É UMA ÁRVORE, MAS TAMBÉM É UM MISTÉRIO.

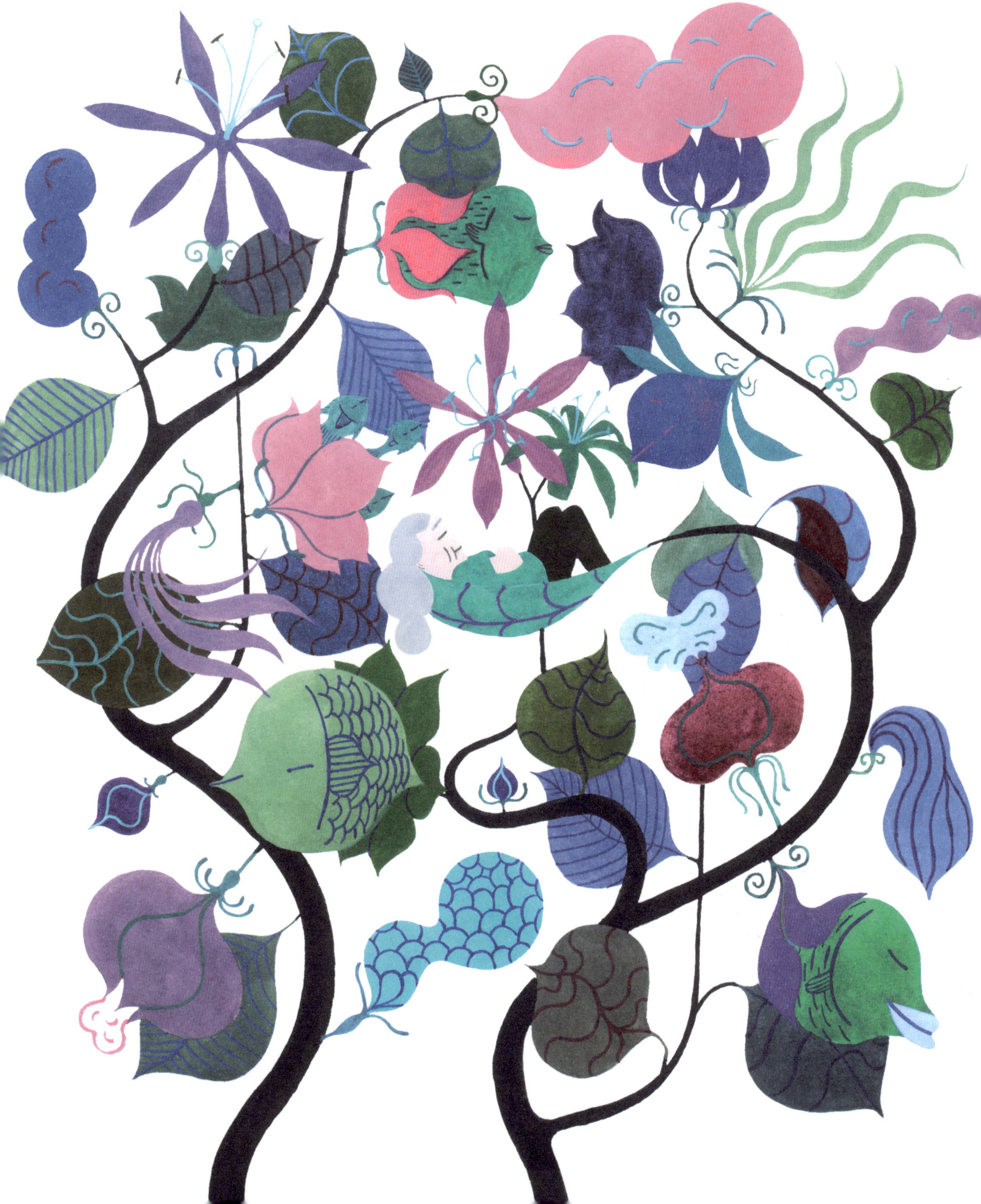

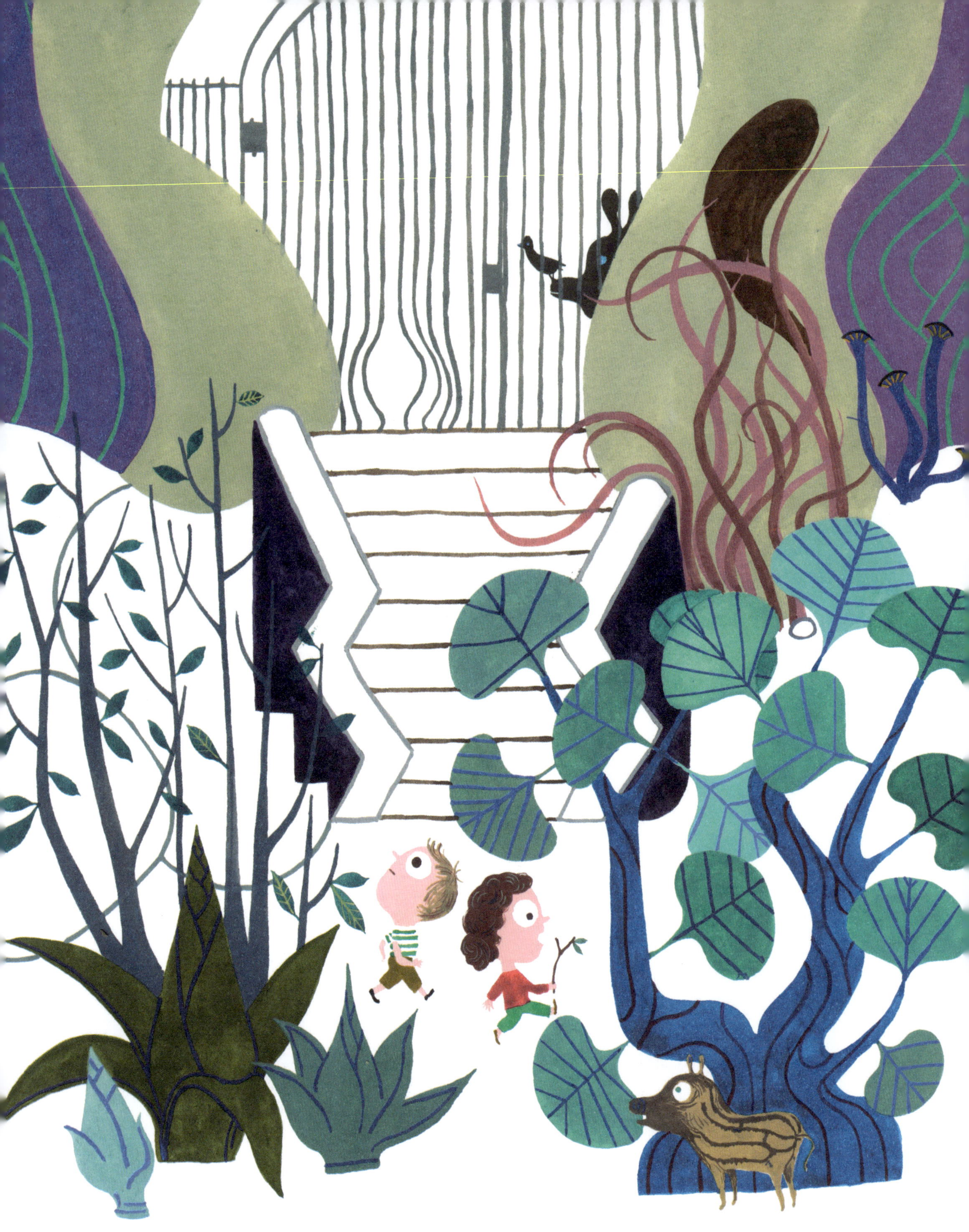

E OLHAR PARA ELA FAZ DA PRIMAVERA SUA ESTAÇÃO PREFERIDA,

O MISTÉRIO PREFERIDO DE MARIA.

SOBRE A AUTORA

A árvore das coisas nasceu de lembranças do tempo em que eu era menina e me perguntava de onde vinham as coisas.

Devia ter uns quatro anos e ficava observando as nuvens, o sol, os pássaros, sem saber de onde surgiam – imaginava que era de uma casa como a minha – e pensava para onde iam quando não os via mais.

Passei minha infância em Temuco, uma cidade ao sul do Chile, onde chove muito. Às vezes, especialmente no inverno, quando a chuva – essa senhora que banha e penteia todos os animais – se somava ao vento, as crianças precisavam ficar dentro de casa. Lembro-me de olhar pela janela e ver uma árvore, uma amoreira. Perguntava-me se não seria essa árvore o que sustentava, com suas raízes, o mundo.

As árvores e tudo o que via através dessa janela eram presenças amáveis. Visitas silenciosas que me permitiram construir uma pequena cosmologia, um mundo ao qual atribuí um sentido secreto, que continua funcionando para mim até hoje. Parece que todas as crianças, se lhes é dada a liberdade de formular as próprias perguntas, constroem essa ordem à sua medida. E, às vezes – como foi meu caso –, se lembram dela para sempre. A árvore das coisas fala disso.

Na maior parte do tempo, vivo em Santiago do Chile. Tenho uma janela através da qual vejo telhados, edifícios e também a copa de uma árvore que, aos meus quarenta e cinco anos, me lembra que tudo ficará bem enquanto os pássaros, as nuvens, o sol estiverem aí, e eu continuar a fazer perguntas.

MARÍA JOSÉ FERRADA

SOBRE O AUTOR

Nasci em 1980, em Barcelona, uma cidade com pequenas árvores. Filho de um pai chinês e uma mãe de Camboja, desde menino, encontro na pintura um refúgio. Enquanto meus pais estavam ocupados, trabalhando no restaurante, eu me sentava na primeira mesa e desenhava com lápis em folhas A4. Quando eu tinha 9 anos, minha mãe me mandou para o estúdio de pintura de Carmen Llabrés, com seu cheiro de tinta óleo, onde descobri a observação e a cor.

A natureza também sempre me atraiu, a tal ponto que quase estudei Biologia, mas acabei fazendo Artes Visuais e me tornando ilustrador. O texto da María José chegou como um presente. E junto, veio uma maravilhosa amizade, que descobriríamos mais tarde.

Este livro precisou de tempo para se desenvolver, porque eu buscava vazios no texto e pensava como a imagem rimaria com ele. Levou quase um ano para tomar forma. Sempre na companhia de um caderno de desenhos, olhava para Maria, a personagem. Pouco a pouco, ela começou a aparecer, mas só quando fui ao Camboja, meses depois, em uma viagem curta à terra de minha mãe, encontrei o outro personagem.

As árvores imensas e espetaculares que sustentam as ruínas dos templos e vêm do que um dia foi uma floresta tropical selvagem foram a inspiração para a árvore das coisas – misteriosa com suas raízes e galhos que carregam vida e encontros maravilhosos. Inconscientemente, o livro acabou falando da passagem do tempo e, talvez por isso, pode ser visto como um *flipbook*, em que Maria cresce página a página.

MIGUEL PANG LY

ESTE LIVRO FOI PUBLICADO COM O APOIO
DO INSTITUT RAMON LLULL

institut ramon llull

© 2015 TEXTO: MARÍA JOSÉ FERRADA
© 2015 ILUSTRAÇÕES: MIGUEL PANG LY
© 2015 A BUEN PASO, MATARÓ, ESPANHA,
WWW.ABUENPASO.COM

PUBLICADO EM CATALÃO POR A BUEN PASO,
BARCELONA. TODOS DIREITOS RESERVADOS.

ESTE LIVRO FOI NEGOCIADO ATRAVÉS DA
SEA OF STORIES LITERARY AGENCY,
WWW.SEAOFSTORIES.COM,
SIDONIE@SEAOFSTORIES.COM

© 2022 DESTA EDIÇÃO, LIVROS DA MATRIZ

TRADUÇÃO: DANI GUTFREUND
PROJETO GRÁFICO: ESTUDI MIQUEL PUIG
ADAPTAÇÃO: ESTÚDIO ARQUIVO / PEDRO BOTTON

TÍTULO ORIGINAL: *L'ARBRE DE LES COSES*

Dados Internacionais de Catalogação na Publicação (CIP)
(BENITEZ Catalogação Ass. Editorial, MS, Brasil)

F814a	Ferrada, María José
1.ed.	A árvore das coisas / María José Ferrada; tradução Dani Gutfreund; ilustração Miguel Pang Ly. – 1.ed. – São Paulo: Livros da Matriz, 2022.
	32 p.; 21 × 26,5 cm.
	Título original: L'arbre de les coses
	ISBN : 978-65-86167-05-4
	1. Amadurecimento. 2. Descoberta. 3. Envelhecimento. 4. Mistério. 5. Morte. I. Gutfreund, Dani. II. Pang Ly, Miguel. III. Título.
09-2022/213	CDD 158.1

Índice para catálogo sistemático:	
1. Descobertas – Envelhecimento – Amadurecimento	158.1
Bibliotecária: Aline Graziele Benitez CRB-1/3129	

LM LIVROS DA MATRIZ

WWW.LIVROSDAMATRIZ.COM.BR
LIVROSDAMATRIZ@UOL.COM.BR

PAPÉIS SUPREMO DUO DESIGN 250 G/M² E OFFSET 150 G/M²
FONTES BENTON GOTHIC E BENTON SANS
IMPRESSÃO GRAFTEC
TIRAGEM 3.000